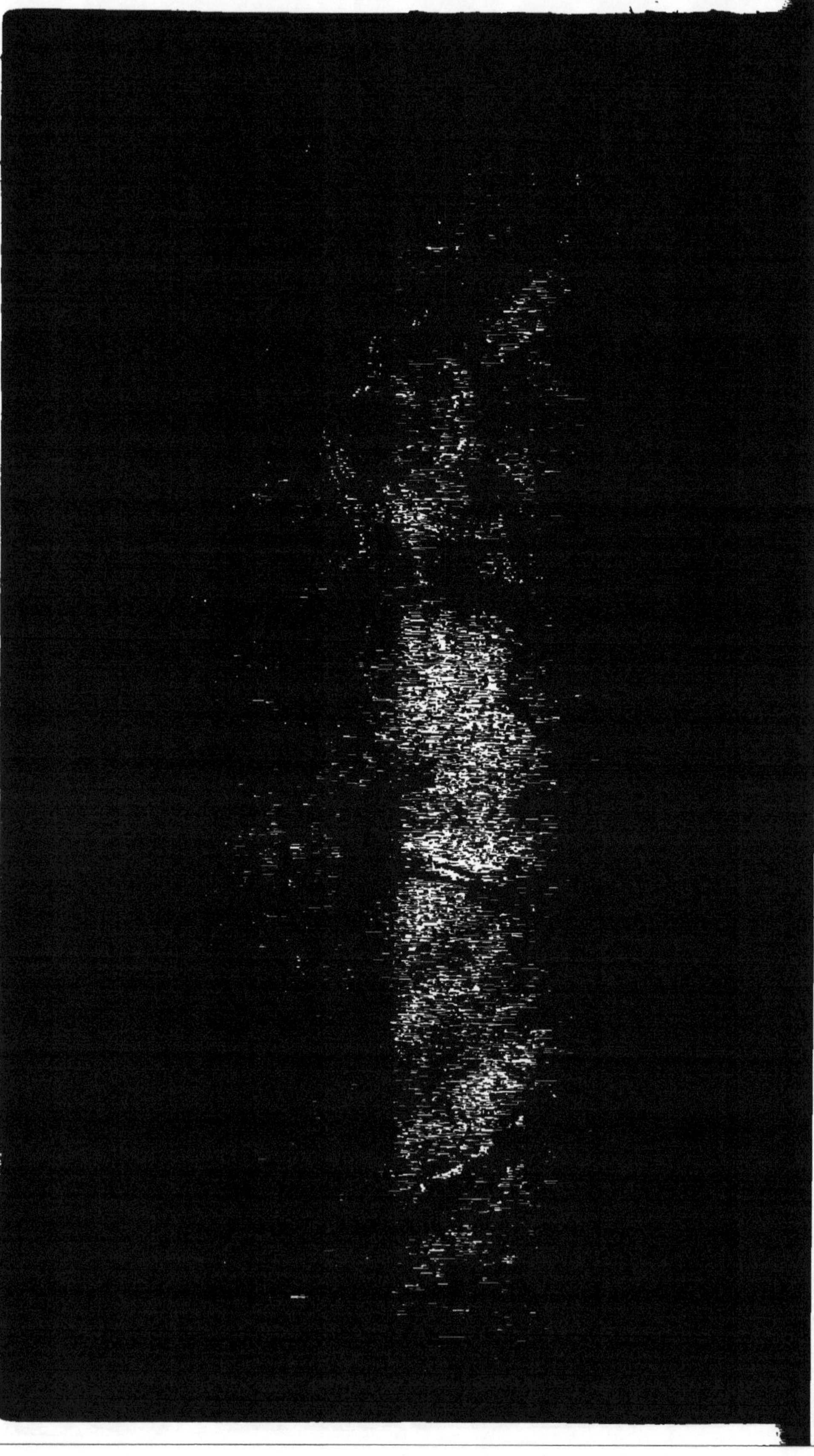

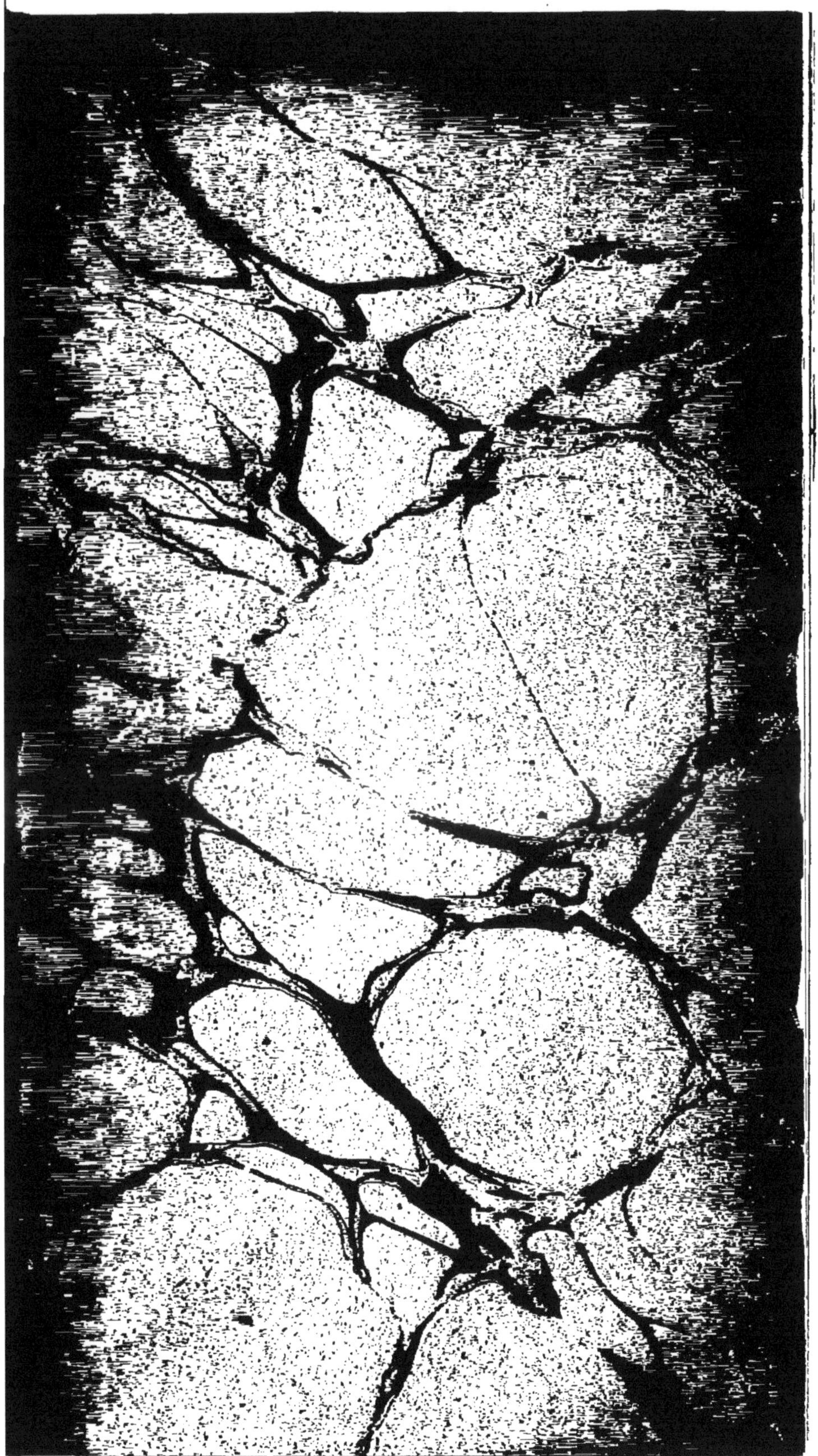

COLLECTION

DES

LIVRETS

DES

ANCIENNES EXPOSITIONS

DEPUIS 1673 JUSQU'EN 1800

SALON DE 1765

XXIII

PARIS

LIEPMANNSSOHN ET DUFOUR

ÉDITEURS

11, rue des Saints-Pères

—

JANVIER 1870

EXPOSITION

DE 1765

—

XXIII

COLLECTION

DES

LIVRETS

DES

ANCIENNES EXPOSITIONS

DEPUIS 1673 JUSQU'EN 1800

EXPOSITION DE 1765

PARIS

LIEPMANNSSOHN ET DUFOUR

ÉDITEURS

11, rue des Saints-Pères

JANVIER 1870

NOMBRE DU TIRAGE

DU LIVRET DE 1765.

375 exemplaires sur papier vergé.
25 — sur papier de Hollande.
10 — sur chine.

N°

Ce livret est vendu seul 2 fr. 50.

NOTICE BIBLIOGRAPHIQUE.

LIVRET :

IL n'y a qu'une seule édition dont les exemplaires ont 46 pages, 261 N^{os} et 2 p. d'arrêt et de privilége. La dernière page & les 2 derniers N^{os} sont consacrés à la manufacture royale des Gobelins.

Le dernier paragraphe du privilége qui avait toujours été le même depuis 1737 est ainsi modifié sur ce Livret :

En conséquence du présent Arrêt, l'Académie Royale de Peinture et de Sculpture, a choisi le sieur JEAN-THOMAS HERISSANT, *Imprimeur des Bâtimens du Roi, Manufactures & Arts, pour faire les Impressions, au lieu & place de feu Jacques François Collombat. A Paris, au Louvre, ce 20 Août 1763.*

Visa, RESTOUT.

COCHIN, *Secrétaire*.

CRITIQUES.

Le *Mercure de France*, numéro d'octobre.

DIDEROT. Salon de 1765 (Ed. Brière) t. VIII.

Mathon de la Cour : Lettres à M.*** sur les peintures, les sculptures et les gravures exposées au Salon du Louvre en 1765 : 4 parties in-12, ayant chacune leur pagination et un titre particulier, de 25, 23, 24 et 24 p.

Une réimpression, augmentée d'une table, parut la même année sous le même titre : A Paris, chez Bauche & d'Houry, Prix 15 s. Octobre 1765, in-12 de 99 p., titre gravé. (Voyez dans les *Mémoires* de Bachaumont, T. XII, p. 299, son opinion sur ce Livre.)

Critique de la lettre à M.*** sur les Peintures, les Sculptures et les Gravures exposées dans le Salon du Louvre en 1765, par M. Mathon de la Cour; dans l'*Année Littéraire*, 1765, T. VII, p. 185-194.

Critique des peintures et sculptures de Meſſieurs de l'Académie Royale, l'an 1765. La lettre d'envoi est signée *Le P.*, in-12, 34 p.

Un dessin inachevé par parties de Gabriel de St-Aubin, conservé dans la collection du Louvre (n° 12646) représente la vue du grand Salon de 1765. L'auteur l'avait évidemment fait dans l'intention de le graver.

EXPLICATION
DES PEINTURES,
SCULPTURES
ET GRAVURES,
DE MESSIEURS
DE L'ACADÉMIE ROYALE,

Dont l'Expoſition a été ordonnée, ſuivant l'intention de SA MAJESTÉ, par M. le Marquis DE MARIGNY, Conſeiller du Roi en ſes Conſeils, Commandeur de ſes Ordres, Lieutenant Général des Provinces de Beauce et d'Orléanois, Directeur & Ordonnateur général des Bâtimens de Sa Majeſté, Jardins, Arts, Académies & Manufactures Royales.

A PARIS,
De l'Imprimerie de Jean-Th. HERISSANT, Imprimeur du ROI, des Cabinet, Maiſon & Bâtimens de SA MAJESTÉ, & de l'Académie Royale de Peinture, &c.

M. DCC. LXV.

AVEC PRIVILÉGE DU ROY.

AVERTISSEMENT.

Il ſeroit à ſouhaiter que l'ordre établi dans ce petit Livre, fût conforme à l'arrangement des Tableaux dans le Salon du Louvre. Mais comme on ne pourroit alors le commencer qu'après que tous les Ouvrages y auroient été placés, il s'enſuivroit un inconvénient plus conſidérable encore, le Public ne jouiroit de ce Livret que long-tems après l'ouverture du Salon : on a donc cru plus à propos de mettre à chaque Morceau un

Numero répondant à celui qui eſt dans ce Livre, & qu'il ſera aiſé d'y trouver.

Pour faciliter cette recherche, on a cru devoir interrompre l'ordre des grades de Meſſieurs de l'Académie, & ranger ces Ouvrages sous les diviſions générales de Peintures, Sculptures et Gravures. Lorſque le Lecteur cherchera le Numero marqué ſur un Tableau, il verra au haut des pages Peintures, *& ne cherchera que dans cette partie, & ainſi des autres.*

EXPLICATION

DES

PEINTURES,

SCULPTURES,

Et autres Ouvrages de Meſſieurs de l'Académie Royale, qui ſont expoſés dans le Salon du Louvre.

PEINTURES.

OFFICIERS.

Par feu M. *Carle Vanloo,* premier Peintre du Roi, Chevalier de ſon Ordre, Directeur de l'Académie Royale de Peinture & de Sculpture, Directeur de l'Ecole Royale des Elèves protégés.

N° 1. Auguſte fait fermer les portes du Temple de Janus.

Ce Tableau, de 9 pieds 8 pouces de haut ſur 8

pieds 4 pouces de large, eſt deſtiné pour la Galerie de Choiſy.

2. Les Graces.

3. La chaſte Suſanne.

Ces deux Tableaux, de même grandeur, ont 7 pieds 6 pouces de hauteur, ſur 6 pieds 2 pouces de largeur.

4. Sept Eſquiſſes pour la Chapelle de ſaint Grégoire, aux Invalides.

5. Etude d'une Tête d'Ange pour cette même Chapelle.

6. Tableau Allégorique.

De 2 pieds 5 pouces de haut, ſur 2 pieds. Ce Tableau appartient à M. le Marquis de Marigny.

ANCIENS RECTEURS.

Par M. *Vanloo*, Chevalier de l'Ordre du Roi, premier Peintre du Roi d'Eſpagne, ancien Recteur.

7. Pluſieurs Portraits, ſous le même N°.

RECTEURS.

Par M. *Boucher*, Premier Peintre du Roi, Recteur.

8. Jupiter transformé en Diane pour ſurprendre Caliſto.

9. Angélique & Médor.

Tableaux ovales d'environ 2 pieds de haut, ſur

1 pied & demi de large. Du Cabinet de M. Bergeret de Grancourt.

10. Deux Paſtorales, ſous le même numero.

Tableau de 7 pieds 6 pouces de haut, ſur 4 pieds de large.

11. Quatre Paſtorales, dont deux ſont ovales, ſous le même numero.

Ces Tableaux ont environ 15 pouces de haut, ſur 13 de large.

12. Autre Paſtorale.

Tableau ovale d'environ 2 pieds de haut, ſur 1 pied 6 pouces de large.

13. Une jeune Femme attachant une lettre au col d'un Pigeon.

Tableau d'environ 2 pieds 6 pouces de haut, ſur 2 pieds de large.

14. Un Payſage où l'on voit un Moulin à l'eau.

De 2 pieds de large, ſur 1 pied 6 pouces de haut.

PROFESSEURS.

Par M. *Hallé*, Profeſſeur.

15. L'Empereur Trajan, partant pour une expédition militaire très-preſſée, eut néanmoins l'humanité de deſcendre de cheval pour écouter les plaintes d'une pauvre femme & lui rendre juſtice.

La tête de Trajan eſt imitée de l'antique.

Ce Tableau eſt deſtiné pour la Galerie de Choiſy.

16. La Courſe d'Hippomene & d'Atalante.

Ce Tableau de 22 pieds de large, fur 10 de haut, eft deftiné à être exécuté en Tapifferie dans la Manufacture Royale des Gobelins.

17. Deux petites Efquiffes, l'une repréfentant l'Education des Riches; l'autre l'Education des Pauvres.

Par M. *Vien*, Profeffeur.

18. Marc-Aurele fait diftribuer au peuple des alimens & des médicamens, dans un tems de famine & de pefte.

Ce Tableau de 9 pieds 8 pouces, fur 8 pieds 4 pouces, eft deftiné pour la Galerie de Choify.

19. Autres Tableaux, fous le même N°.

Par M. *De La Grenée*, Profeffeur.

20. S. Ambroife préfentant à Dieu, pendant la Meffe, la Lettre écrite par l'Empereur Théodofe, en actions de grace de la victoire qu'il avoit remportée fur les ennemis de la Religion.

Tableau de 8 pieds de haut, fur 6 de large.

21. L'Apothéofe de S. Louis.

Tableau de 10 pieds de haut, fur 5 de large.

22. La Juftice & la Clémence.

23. La Bonté & la Générofité.

Ces deux Tableaux (deffus-de-portes) font deftinés pour la Galerie de Choify.

24. Le Sacrifice de Jephté.

Tableau de 3 pieds de haut, fur 2 pieds 4 pouces de large.

25. Diane & Endimion.

Tableau de 2 pieds 3 pouces de large, fur 1 pied 10 pouces de haut.

26. Quatre Tableaux de la Vierge, fous le même numero.

27. Le retour d'Abraham au pays de Chanaan.

Tableau de 2 pieds de large, fur 1 pied 6 pouces de haut.

28. La Charité Romaine.

29. La Madeleine.

30. S. Pierre pleurant fon péché.

ADJOINTS A PROFESSEUR.

Par feu M. *Defhays*, Adjoint à Profeffeur.

31. La Converfion de S. Paul.

32. S. Jerôme ecrivant fur la mort.

Ces Tableaux font pour l'Eglife de S. Louis, à Verfailles.

33. Achille prêt d'être fubmergé par le Scamandre & le Simoïs, eft fecondé par Junon & Vulcain; ce Dieu lance des feux qui defféchent les Fleuves.

Ce Tableau appartient à M. de Perfennes.

34. Jupiter & Antiope.

35. L'Etude.

36. Un deffein repréfentant le Comte de Comminges.

37. Un autre : Artémife au tombeau de Maufole.

38. Deux deffeins de Payfages.

Par M. *Bachelier*, Adjoint à Profeſſeur.

39. Cimon, dans la priſon, allaité par ſa fille.

Tableau de 4 pieds de haut, ſur 3 de large.

40. Un Enfant endormi.

Tableau de 2 pieds 6 pouces, ſur 2 pieds.

41. Deux Tableaux (deſſus-de-Portes) repréſentant des Fleurs dans des vaſes.

Ces Tableaux, deſtinés pour les appartemens de Choiſy, ont 4 pieds 6 pouces de large, ſur 3 pieds de haut.

42. Un Tableau de Fruits dans un panier, éclairés d'une bougie.

Du Cabinet de M. le Marquis de Marigny.

43. Pluſieurs Tableaux, ſous le même N°.

Peints avec les nouveaux Paſtels préparés à l'huile.

Par M. *Challe*, Profeſſeur de Perſpective.

44. Hector entrant dans le Palais de Pâris, qu'il trouve aſſis auprès d'Hélène, lui reproche ſa fuite du combat qu'il venoit d'engager contre Ménélas. Venus l'avoit dérobé à la fureur de ſon ennemi. Hélène faiſoit offrir un ſacrifice en actions de graces. Elle ſe plaint à Hector de ſa deſtinée; ſes femmes ſont occupées à divers ouvrages, d'autres forment un concert qu'elles ſuſpendent à la préſence d'Hector.

Homere, Livre VI.

Ce Tableau a 18 pieds de large ſur 12 de haut.

CONSEILLERS.

Par M. *Chardin*, Conſeiller & Tréſorier de l'Académie.

45. Un Tableau repréſentant les attributs des Sciences.

46. Autre, repréſentant ceux des Arts.

47. Autre, où l'on voit ceux de la Muſique.

Ces Tableaux de 3 pieds 10 pouces de large, ſur 3 pieds 10 pouces de haut, ſont deſtinés pour les appartemens de Choiſy.

48. Trois Tableaux, ſous le même numero, dont un ovale, repréſentant des Rafraîchiſſemens, des Fruits & des Animaux.

Ces Tableaux ont 4 pieds 6 pouces de largeur, ſur 3 pieds 6 pouces de haut; celui ovale a 5 pieds de haut.

49. Pluſieurs Tableaux ſous le même numero, dont un repréſente une Corbeille de raiſins.

ACADEMICIENS.

Par M. le Chevalier *Servandoni*, Académicien.

50. Deux Tableaux (deſſus-de-portes), l'un repréſente un Trophée d'armes & des Ruines; l'autre des Rochers, une Chûte d'eau & un Tombeau.

De 4 pieds 8 pouces, ſur 2 pieds 4 pouces de haut.

51. Deux Tableaux de Ruines antiques.

De 3 pieds de haut, fur 2 pieds 6 pouces de large.

Par M. *Millet Francifque*, Académicien.

52. Un Payfage dans lequel eft fainte Geneviéve, recevant la bénédiction de S. Germain, Evêque d'Auxerre.

53. Plufieurs Tableaux de Payfages fous le même numero.

54. Deux Têtes au Paftel, fous le même numero.

Par M. *Nonnotte*, Académicien.

55. Un Portrait.

Par M. *Boizot*, Académicien.

56. Les Graces enchaînent l'Amour.

57. Mars & l'Amour difputent fur le pouvoir de leurs armes; Venus fourit & trempe les traits de l'Amour dans le miel, en ordonnant à Cupidon d'y mêler de l'amertume.

Sujet tiré d'Anacréon.

Par M. *Le Bel*, Académicien.

58. Plufieurs Tableaux de Payfages, fous le même numero.

Par M. *Perronneau*, Académicien.

Portraits à l'huile.

59. M. Maujé.
60. Mademoiſelle Peronneau.
61. M. Denis.
Tableau ovale.
62. Une Tête. Portrait.
Tableau ovale.

Portraits au Paſtel.

63. Mademoiſelle de Boſſy.
64. Mademoiſelle Pinchinat, en Diane.
Tableau ovale.
65. Madame Miron.

Par M. *Vernet*, Académicien.

66. Vûe du Port de Dieppe.

L'Auteur a regardé la Pêche comme le caractère diſtinctif de ce Port, & a orné le devant de ce Tableau des divers poiſſons que l'on pêche dans ces parages, & des différens habillemens des habitans. L'heure du jour eſt le matin.

Ce Tableau de 8 pieds de large, ſur 5 de haut, appartient au Roi, & eſt de la ſuite des Ports de France, exécutés ſous les ordres de M. le Marquis de Marigny.

67. Quatres Tableaux, repréſentant les Quatre parties du Jour.

Ces Tableaux, d'environ 5 pieds de large ſur 3 de haut, ſont deſtinés pour les appartemens de Choiſy.

68. Deux Vûes des environs de Nogent-fur-Seine.

Ces Tableaux de 4 pieds de large, fur 2 pieds 6 pouces de haut, font tirés du Cabinet de M. de Boullongne, ancien Contrôleur Général.

69. Deux Pendants : l'un un Naufrage ; l'autre un Payfage.

Tableaux de 4 pieds de large, fur 2 pieds 6 pouces de haut. Du Cabinet de M. le Chevalier le Gendré d'Aviray.

70. Un Naufrage.

Tableau de 2 pieds 6 pouces de large, fur 1 pied 8 pouces. Du Cabinet de M. le Marquis de Villette.

71. Une Marine au coucher du Soleil.

Tableau de 3 pieds 6 pouces de large, fur 2 pieds 6 pouces de haut. Du Cabinet de M. le Marquis de Roquefeuille.

72. Sept petits Tableaux de Payfages dont quatre font quarrés & trois ovales.

73. Deux Marines.

Ces Tableaux de 2 pieds de large, fur 1 pied 8 pouces de haut, appartiennent à M. Godefroy le jeune.

74. Une Marine.

Tableau de 3 pieds de large, fur 2 pieds 6 pouces de haut. Il appartient à M. Jacquin, Joyallier du Roi, & de la Couronne.

75. Une Tempête.

Tableau de 2 pieds 6 pouces, fur 1 pied 8 pouces de haut. Il appartient à M. Bouillette.

76. Plufieurs Tableaux, fous le même N°.

Par M. *Roslin*, Académicien.

77. Un Pere arrivant dans sa terre, où il est reçu par ses enfans dont il étoit tendrement aimé. On y voit les portraits de cette famille.

Tableau de 10 pieds sur 8.

78. Une Tête de jeune fille.

Ce Tableau a été peint il y a environ deux ans, avec les nouveaux Pastels préparés à l'huile; il peut aider à juger de l'effet du tems sur ce nouveau moyen de peindre.

79. Plusieurs Portraits, sous le même N°.

Par M. *Valade*, Académicien.

80. Les Portraits de M. Raimond de Saint-Sauveur, Lieutenant Général des Eaux & Forêts; & de Madame de Saint-Sauveur son épouse, sous le même numéro.

81. Le Portrait de Madame la Comtesse de ***, en habit de Bal.

Par M. *Desportes* le neveu, Académicien.

82. Plusieurs Tableaux d'Animaux, de Gibier & de Fruits, sous le même N°.

Par Madame *Vien*, Académicienne.

83. Un Pigeon qui couve.

84. Trois petits Tableaux, sous le même numéro; l'un un Oiseau qui veut attraper un Papillon; les autres des Fleurs.

Ces Ouvrages ſont peints en miniature.

Par M. *de Machy*, Académicien.

85. La Cérémonie de la premiere Pierre de la nouvelle Egliſe de ſainte Géneviéve, poſée par le Roi, le 6 Septembre 1764.

Tableau de 4 pieds de largeur, ſur 2 pieds 6 pouces de hauteur.

86. Deux Tableaux, ſous le même numéro, repréſentant la Colonnade du Louvre.

Tableaux de 1 pied 7 pouces de large, ſur 1 pied 3 pouces de haut.

87. Autre, repréſentant le Paſſage du Periſtyle du Louvre, du côté de la rue Fromenteau.

88. Autre, Ruines d'Architecture.

89. Un deſſein à gouaſſe, la Conſtruction de la nouvelle Halle.

Par M. *Drouais*, le fils, Académicien.

90. Pluſieurs Portraits, ſous le même numéro.

Par M. *Juliart*, Académicien.

91. Un Tableau de Payſage.

De 2 pieds de large ſur 1 pied 6 pouces de haut.

92. Deux petits Tableaux de Payſage.

Ils appartiennent à M. de la Ferté, Intendant des Menus Plaiſirs du Roi.

93. Pluſieurs Deſſeins de Payſages, ſous le même numéro.

Par M. *Casanova*, Académicien.

94. Une marche d'armée.

Tableau d'environ 11 pieds de long, ſur près de 7 pieds de hauteur.

95. Deux Tableaux de Batailles.

De 4 pieds de long, ſur 3 de haut.

96. Un Eſpagnol à cheval.

Tableau de 10 pouces de large, ſur 14 pouces de haut.

Par M. *Baudouin*, Académicien.

97. Pluſieurs petits ſujets & portraits en miniature, ſous le même numéro.

Pluſieurs petits Tableaux à gouaſſe.

98. Un Confeſſionnal.

99. Les Enfans Trouvés; dans l'Egliſe de Notre-Dame.

100. Une jeune fille querellée par ſa mere.

101. Pluſieurs Portraits à gouaſſe, ſous le même numéro.

Par M. *Roland de la Porte*, Académicien.

102. Un médaillon repréſentant un ancien portrait du Roi, imitant le bas-relief.

Ovale de 2 pieds 9 pouces de haut.

103. Pluſieurs Tableaux repréſentant des Porcelaines, des Fruits, des Légumes, &c., ſous le même numéro.

104. Deux Portraits ſous le même numéro.

Par M. *Descamps*, Académicien.

105. Trois petits Tableaux sous le même numéro; l'un, un jeune Dessinateur; l'autre, un Eleve qui modéle; le troisieme, une petite fille qui donne à manger à un petit oiseau.

Par M. *Bellengé*, Académicien.

106. Un Tableau de Fleurs.

Ce Tableau de 3 pieds, sur 2 pieds 6 pouces, est son morceau de réception à l'Académie.

107. Plusieurs Tableaux de Fleurs & de Fruits, sous le même numéro.

AGRÉÉS.

Par M. *Parocel*, Agréé.

108. Cephale se reconcilie avec Procris, que sous un déguisement il avoit éprouvée infidéle; elle lui donne un dard & un chien.

109. Procris, par l'erreur de Cephale, est tuée du même dard qu'elle lui avoit donné; elle le conjure de lui demeurer fidéle.

Par M. *Greuze*, Agréé.

110. Une jeune fille, qui pleure son oiseau mort.

Ce Tableau ovale, de 2 pieds de haut, appartient à M. de la Live de la Briche, Introducteur des Ambassadeurs.

111. L'enfant gâté.

Ce Tableau de 2 pieds 6 pouces de haut, ſur 2 pieds de large, appartient à M. le Duc de Praſlin.

112. Une Tête de Fille.

Ce Tableau appartient à M. Godefroi.

113. Une autre petite Fille, tenant un petit Capucin.

Ce Tableau appartient à M. de la Live de July, Introducteur des Ambaſſadeurs.

114. Autre tête de petite Fille.

Ce Tableau appartient à M. le Chevalier Damery.

115. Une Tête en Paſtel.

Ce Tableau appartient à M. le Baron de Beſenval, Inſpecteur général des Suiſſes.

Ces quatre Tableaux ci-deſſus, & de même grandeur, ont 1 pied 3 pouces de haut, ſur 1 pied de large.

116. Le Portrait de M. Watelet, Receveur Général des Finances.

Tableau de 4 pieds 6 pouces de haut, ſur 3 pieds 6 pouces de large.

117. Le Portrait de M. Wille, Graveur du Roi.

118. Le Portrait de M. Caffiery, Sculpteur du Roi.

119. Le Portrait de M. Guibert.

120. Le Portrait de Mme Taſſart.

121. Le Portrait de Mme Greuze.

Ces cinq Portraits, de même grandeur, ont 2 pieds 6 pouces de haut, ſur 2 pieds de large.

122. Le Portrait en Paſtel de M. de la Live de July, Introducteur des Ambaſſadeurs.

123. La Mère bien-aimée (Esquisse).

124. Le Fils ingrat (Esquisse).

125. Le Fils puni (Esquisse).

Par M. *Guérin*, Agréé.

126. Plusieurs petits Tableaux, sous le même numéro.

Par M. *Briard*, Agréé.

127. La Résurrection de Jesus-Christ.

Tableau de 16 pieds de haut, sur 9 de large.

128. Le Samaritain.

Tableau de 5 pieds de haut, sur 4 pieds de large.

129. Deux Tableaux ovales; l'un la rencontre de Psiché & du Pêcheur; l'autre Psiché abandonnée.

130. Une sainte Famille.

Tableau de 23 pouces de haut, sur 18 pouces de large.

131. Le Devin de Village.

Tableau de 2 pieds 3 pouces de haut sur 2 pieds de large.

Par M. *Brenet*, Agréé.

132. Le Baptême de Jesus-Christ.

Tableau de 12 pieds 3 pouces de haut, sur 7 pieds 10 pouces de large.

133. L'Amour caressant sa mere, afin qu'elle lui rende ses armes.

Tableau de 16 pouces de largeur, ſur 13 de hauteur.

Par M. *Loutherbourg*, Agréé.

134. Rendez-vous de Chaſſe de S. A. S. Mgr le Prince de Condé, dans la partie de la Forêt de Chantilli, nommée le Rendez-vous de la Table.

Tableau de 8 pieds 6 pouces de haut, ſur 5 pieds 6 pouces de large.

135. Une matinée après la pluie.

136. Un commencement d'orage au Soleil couchant.

Tableaux, pendans, de 4 pieds de large, ſur 3 pieds de haut.

137. Une Caravanne.

Tableau ovàle, de 2 pieds de haut.

138. Des voleurs attaquant des Voyageurs dans une gorge de montagne.

139. Ces mêmes Voleurs, pris & conduits par des Cavaliers.

Tableaux, pendans, de 2 pieds de large ſur 1 pied 8 pouces de haut.

140. Pluſieurs Tableaux de Payſages ſous le même numéro.

Par M. *Le Prince*, Agréé.

141. Vûe d'une partie de S. Petersbourg, peinte d'après nature, priſe du Palais qu'occupoit M. le Marquis de l'Hôpital, Ambaſſadeur de France. On y voit une partie de l'Iſle de S. Baſile, le Port, la

Douane, le Sénat, les Colléges de Juftice, la Fortereffe, & la Cathédrale dédiée à S. Pierre. Les figures Françoifes qui font fur le devant, font M. l'Ambaffadeur, & les perfonnes qui lui étoient attachées.

Ce Tableau a 5 pieds de long, fur 2 pieds 6 pouces de haut.

142. Un parti de troupes Cofaques, Tartares, &c. qui au retour d'un pillage raffemblent leur butin pour en faire le partage.

Tableau de 7 pieds de haut, fur 5 pieds 6 pouces de large.

143. Préparatifs pour le départ d'un Horde. Sur le devant font, une femme Tartare & deux Officiers, l'un defquels ordonne à un Calmouc de décrocher les armures.

144. Paftorale Ruffe. On y voit un Berger qui fufpend fa Balalaye pour écouter un jeune garçon qui joue d'un chalumeau fait d'écorce d'arbre. La Balalaye eft une efpéce de Guitarre longue qui n'a que deux cordes, dont les Payfans Ruffes s'accompagnent fort agréablement.

Ces deux Tableaux, pendans, ont chacun 2 pieds 10 pouces de haut, fur 2 pieds 3 pouces de large.

145. La Pêche aux environs de S. Petersbourg.

Tableau de 2 pieds 6 pouces de haut, fur 2 pieds 3 pouces de long.

Plufieurs petits Tableaux des mœurs de la Ruffie.

146. Quelques Payfans fe difpofent à paffer un Bac, ils fe repofent en l'attendant. On voit fur le de-

vant une voiture auſſi ſimple qu'ingénieuſe, elle eſt fort en uſage chez les Finlandois pour porter des proviſions à S. Petersbourg.

147. Une halte de Tartares.

148. Maniere de voyager en hiver, avec la conſtruction du traîneau dont on ſe ſert. Sur le devant un Payſan voiture quelques proviſions ſur un traîneau uniquement deſtiné à ces fardeaux.

149. Une halte de Payſans en Eté. Dans les voyages, même de long cours, ils ne logent preſque jamais dans des Auberges; ils couchent dans leurs chariots ou deſſous, & dans les mauvais tems, une tente dreſſée à la hâte leur ſuffit : on y voit une ſorte de mangeoire aſſez ſimple.

150. Le Berceau pour les Enfans. Eſpece de Hamac qu'on ſuſpend au bout d'un bâton élaſtique qui eſt attaché au plancher. Dans le beau tems les meres l'emportent & l'attachent hors de la maiſon, à ce qu'elles trouvent de plus commode.

151. L'intérieur d'une chambre de Payſan. On y voit un jeune homme qui offre des œufs à une Payſanne, & plus loin un Berceau.

152. Vue d'un Pont de la ville de Nerva.

153. Vue d'un Moulin, dans la Livonie.

154. Un Payſage, orné de Figures vêtues en différentes modes.

Par M. *Deſhays*, Agréé.

155. Le Portrait de M. Denis, Tréſorier Général des Bâtimens du Roi, & celui de Madame ſon épouſe, ſous le même numéro.

156. Le Portrait de Mme Deshays.
157. Le Portrait de Mme Poitevin.
158. Le Portrait de M^{le} Le Roux.
159. Le Portrait de M. Sourdo.
160. Le Portrait de M. Liot.
161. Plufieurs Portraits fous le même numéro.

Par M. *Lepicié*, Agréé.

162. La Defcente de Guillaume le Conquérant fur les Côtes d'Angleterre. Guillaume, Duc de Normandie, abordé aux Côtes de Suffex, exhorte fon armée à vaincre ou à mourir; & pour déterminer fes foldats par le coup le plus hardi, il fixe leur attention fur fa flotte en feu. La célébre Bataille de Haftings, qui en fut le fruit, décida du fort de l'Angleterre, & par la mort de Harald, qui y fut tué, Guillaume fe vit poffeffeur du Trône.

Tableau de 26 pieds de large, fur 12 de haut.

163. Jefus-Chrift baptifé par S. Jean.

Tableau de 7 pieds 9 pouces de haut, fur 7 pieds 6 pouces de large.

164. S. Crepin & S. Crepinien diftribuant leurs biens aux Pauvres.

Tableau de 7 pieds de haut, fur 5 pieds de large.

Par M. *Amand*, Agréé.

165. Mercure dans l'action de tuer Argus.

Tableau de 5 pieds de haut, fur 6 pieds de large.

166. La famille de Darius.

Tableau de 4 pieds de haut, ſur 5 pieds de large.

167. Joſeph vendu par ſes freres.

Tableau de 3 pieds 6 pouces de hauteur, ſur 4 pieds 6 poûces de largeur.

168. Tancréde panſé par Herménie.

169. Renauld & Armide.

Ces Tableaux, pendans, ont 2 pieds de haut, ſur 2 pieds 6 pouces de large.

170. Une Sultane, demi figure.

171. Une Tête de Vieillard.

172. Cambyſe entre en fureur contre les Egyptiens, & tue leur Dieu Apis (Eſquiſſe).

173. Pſammitichus, l'un des douze Rois de l'Egypte, dans un ſacrifice ſolemnel, au défaut d'une coupe, ſe ſert de ſon caſque pour faire ſes libations à Vulcain (Eſquiſſe).

174. Cambyſe ayant envoyé des Ambaſſadeurs au Roi d'Ethiopie avec des préſens, & pour s'informer adroitement des forces du pays; ce Roi ſe contenta pour réponſe de bander un arc en leur préſence, tel qu'un Perſe l'auroit à peine ſoulevé (Eſquiſſe).

175. Magon, répand au milieu du Sénat de Carthage, les anneaux des Chevaliers Romains qui avoient péri à la Bataille de Cannes (Eſquiſſe).

Par M. *Fragonard*, Agréé.

176. Le Grand-Prêtre Coréſus ſe ſacrifie pour ſauver Callirhoé.

Ce Tableau eſt au Roi, & eſt deſtiné à être exécuté en Tapiſſerie, dans la Manufacture Royale des Gobelins. Il a 12 pieds 6 pouces de largeur, ſur 9 pieds 6 pouces de hauteur.

177. Un Payſage.

Tableau de 22 pouces, ſur 18. Il appartient à M. Bergeret de Grancour.

178. Deux Deſſeins : Vûes de la Ville d'Eſte à Tivoli.

Ils appartiennent à M. l'Abbé de Saint-Non.

Par M. *Monnet*, Agréé.

179. Saint Auguſtin, écrivant ſes Confeſſions.

Tableau de 8 pieds 6 pouces de haut, ſur 7 pieds 6 pouces de large.

180. Jeſus-Chriſt expirant ſur la Croix.

Tableau de 2 pieds 4 pouces de haut, ſur 1 pied 10 pouces de large.

181. L'Amour.

Petit Tableau ovale.

Par M. *Taraval*, Agréé.

182. L'Apothéoſe de S. Auguſtin.

Tableau de 10 pieds 5 pouces de haut, ſur 5 pieds 5 pouces de large.

183. Vénus & Adonis.

Tableau de 4 pieds 6 pouces de large, ſur 3 pieds de haut.

184. Une Génoiſe dormant ſur ſon ouvrage. On y voit un Eventail à l'Italienne.

185. Une Académie peinte.
186. Plusieurs Têtes sous le même numéro.

SCULPTURES

OFFICIERS.

ADJOINTS A RECTEUR.

Par M. *Le Moyne*, Adjoint à Recteur.

187. Le Portrait de Madame la Comtesse de Brionne.
Buste en marbre.
188. Le Portrait de Madame la Marquise de Gléon.
189. Le Portrait de M. le Comte de la Tour d'Auvergne.
190. Le Portrait de Mme Baudouin.
En Médaillon.
191. Le Portrait de M. Robé.
192. Le Portrait de M. Garik.
193. Une Tête d'Etude.
Tous ces Bustes sont en Terre cuite.

PROFESSEURS.

Par M. *Falconet*, Professeur.

194. Une Figure de Femme, assise.
Cette Figure, composée pour le milieu d'un

Bofquet de plantes à Fleurs d'hiver, en repréfente la faifon relativement à ces Plantes. Elle les prend fous fa garde, & par fes foins les fait fleurir. On a mis pour attribut un Vafe que l'eau gelée dedans a brifé. Les figures du Capricorne et du Verfeau font marquées fur le fiége de la Figure.

Cette Figure s'exécute en marbre, de la proportion de 6 pieds, pour le Roi.

195. S. Ambroife.

Modèle de 4 pieds 6 pouces de haut.

196. Alexandre faifant peindre Campafpe, l'une de fes concubines.

C'eft l'inftant où ce Prince en fait préfent à Apelle.

Bas relief en Marbre, de 2 pieds 6 pouces de haut, fur 2 pieds de large.

197. La douce Mélancolie.

Figure de Marbre, d'environ 3 pieds de hauteur.

198. L'Amitié.

Figure de Marbre, d'environ 3 pieds de hauteur.

Par M. *Vaffé*, Profeffeur.

199. Le Portrait de Pafferat.

Ce Bufte en Marbre eft de la fuite des Hommes illuftres, dont M. Grofley fait préfent à l'Hôtel-de-Ville de Troyes.

200. Une Tête d'Enfant.

En Marbre.

201. La Comédie.

Modèle de Terre cuite, de deux pieds de proportion.

Par M. *Pajou*, Adjoint à Profeſſeur.

202. Le Portrait de M. le Maréchal de Clermont-Tonnerre.

Buſte.

203. Le Portrait de M. le Marquis de Mirabeau.

Buſte.

204. Le Portrait de M. de la Live de July, Introducteur des Ambaſſadeurs.

Buſte en Marbre.

205. Le Portrait de Mme Aved.

206. Le Portrait de M. Baudouin le fils.

207. Une Figure de S. François de Sales.

Modéle de 2 pieds 6 pouces de hauteur, qui doit être exécuté en grand, pour l'Egliſe de S. Roch, à Paris.

208. Une Bacchante, tenant le petit Bacchus.

Modéle de 2 pieds, qui ſera exécuté de grandeur naturelle, pour M. le Marquis de Voyer.

209. Le Modéle d'une Pendule, de quatre pieds de hauteur.

Le ſujet eſt le Génie du Danemarck, protecteur de l'Agriculture, du Commerce & des Arts.

Cet Ouvrage ſera exécuté pour S. M. le Roi de Danemarck.

210. Eſquiſſe d'un Bénitier.

Ce Projet doit être exécuté pour l'Egliſe de S. Louis, à Verſailles.

211. Trois Deſſeins, ſous le même numéro : l'un une

Bacchanale; l'autre une Leçon d'Anatomie; le troiſiéme le Projet d'un Tombeau.

Par M. *Adam*, Adjoint à Profeſſeur.

212. Polyphéme fait ſortir ſon Troupeau de ſa Caverne, & tenant ſon Bélier qui avoit coutume de marcher à la tête, & qu'il eſt étonné de trouver le dernier; il prie Neptune, ſon pere, de ne point ſouffrir que le Marchand qui l'a aveuglé lui échappe. Ce Marchand eſt Uliſſe, qui ſe ſauve de la Caverne, en ſe tenant attaché ſous le ventre du Bélier.

Par M. *Caffieri*, Adjoint à Profeſſeur.

213. Une Figure repréſentant un Triton.

214. Le Portrait de J. Ph. Rameau.

215. Le Portrait de J. B. Lulli.

Moulé ſur le bronze qui eſt ſur ſon Tombeau, dans l'Egliſe des Petits Peres de la Place des Victoires.

M. Caffieri a voulu mettre ſous les yeux du Public les Portraits des deux plus célébres Muſiciens de la France.

216. Le Portrait de M. du Belloy.

ACADEMICIENS.

Par M. *Challe*, Académicien.

217. Deux Figures couchées, dont les ſujets ſont le Feu & l'Eau.

Ces deux Figures en Marbre, de la proportion de 2 pieds 4 pouces, & font pendant : elles font tirées du Cabinet de M. de la Live de July.

218. Le Portrait de M. Floncel, Cenfeur Royal.

Bufte.

219. Le Portrait de Mademoifelle ***, en Bacchante.

Bufte.

220. Le Deffein des nouvelles Chapelles de l'Eglife de S. Roch.

Par M. *D'Hués*, Académicien.

221. S. Auguftin.

Modéle de 3 pieds 6 pouces de proportion. Cette Figure doit être exécutée en grand, pour l'Eglife de S. Roch.

AGRÉÉS.

Par M. *Mignot*, Agréé.

222. Le Modéle d'une Naïade, en Bas-relief.

Cette Figure eft exécutée en pierre, de grandeur naturelle, à la Fontaine des Audriettes, au Marais.

Par M. *Bridan*, Agréé.

223. Saint Barthelemy, faifant fa priere, prêt d'être martyrifé.

Groupe en plâtre, de 3 pieds de haut.

Par M. *Berruer*, Agréé.

224. Cleobis & Biton, deux freres célébres par leur piété filiale : au défaut de Bœufs, ils s'attelerent au char de leur mere & le traînerent au temple de Junon, où elle devoit facrifier.

Bas-relief en marbre de 2 pieds 4 pouces de largeur, fur 1 pied 8 pouces de hauteur.

225. Un Vafe de Marbre orné d'un Bas-relief d'Enfans qui jouent avec un fep de vigne.

Sa hauteur eft d'environ un pied quatre pouces.

226. Projet d'un Tombeau; l'amitié appuyée fur une urne cinéraire s'abandonne à la douleur : la Pureté orne ce vafe d'une guirlande de Lys.

Petite Efquiffe en terre cuite.

227. Autres projets de Tombeaux.

GRAVURES.

OFFICIERS.

Par M. *Cochin*, Chevalier de l'Ordre du Roi, & Secrétaire de l'Académie.

228. Un deffein deftiné à fervir de Frontifpice au livre de l'Encyclopédie. On y voit les Sciences occupées à découvrir la Vérité. La Raifon & la Métaphyfique cherchent à lui ôter fon voile. La Théo-

logie attend ſa lumiere d'un rayon qui part du Ciel : près d'elle la Mémoire & l'Hiſtoire ancienne & moderne. A côté & au-deſſous ſont les Sciences. D'autre part, l'Imagination s'approche avec une guirlande, pour orner la Vérité. Au-deſſous d'elle ſont les diverſes Poéſies & les Arts. Au bas ſont pluſieurs Talens qui dérivent des Sciences & des Arts.

229. Pluſieurs deſſeins allégoriques ſur les régnes des Rois de France. Ils ſont le commencement d'une ſuite d'eſtampes que l'on grave, pour être placées dans le livre de l'Abrégé Chronologique de l'Hiſtoire de France, par M. le Préſident Henault.

ACADÉMICIENS.

Par M. *Le Bas*, Académicien.

230. Les quatre eſtampes de la troiſiéme ſuite des Ports de France, par M. Vernet, gravés en ſociété avec M. Cochin.

Par M. *Tardieu*, Académicien.

231. Le Portrait de Monſeigneur l'Archevêque de Bordeaux.

D'après le Tableau de M. Reſtout, ancien Directeur.

Par M. *Dupuis*, Académicien.

232. Le Portrait de M. le Comte Czernichew.

Par M. *Wille*, Académicien.

233. Les Muficiens ambulans.
D'après M. Dietrich, Peintre de S. A. Electorale de Saxe.

Par M. *Salvador Carmona*, Académicien.

234. Une Allégorie.
D'après le Tableau de Solimeni.

Par M. *Roettiers*, le fils, Académicien, Graveur Général des Monnoies, en furvivance.

235. Un cadre renfermant plufieurs médailles & jettons pour le Roi.
Et fix Médailles de la famille des Princes & Princeffes Galliczin, & Trubetskoi de Ruffie.

AGRÉÉS.

Par M. *Flipart*, Agréé.

236. Une Tempête.
D'après M. Vernet.

237. La vertueufe Athénienne.
238. La jeune Corinthienne.
D'après M. Vien.

Par M. *Moitte*, Agréé.

239. Le monument érigé au Roi par la Ville de Rheims.

240. Les deux figures qui accompagnent le piédeſtal.

D'après M. Pigalle.

241. Le donneur de Sérénade.

242. La Pareſſeuſe.

D'après M. Greuze.

243. Le Portrait de M. l'Abbé Chauvelin, Conſeiller en la Grand' Chambre du Parlement.

244. Le Portrait de M. de la Chalotais, Procureur Général au Parlement de Bretagne.

Par M. *Beauvarlet*, Agréé.

245. Deux petits Enfans, s'amuſant à faire jouer un chien ſur une Guitarre.

D'après M. Drouais le fils.

246. Une offrande à Vénus, & une autre à Cerès, ſous le même numéro.

D'après M. Vien.

247. Deux deſſeins d'après les Tableaux de feu M. Carle Vanloo; l'un la converſation Eſpagnole; l'autre la lecture.

Ces morceaux ſont deſtinés à être gravés.

Par M. *Lempereur*, Agréé.

248. Le Triomphe de Silene.

D'après feu M. Carle Vanloo.

249. Titon & l'Aurore.

D'après M. Pierre.

Ces Tableaux font du Cabinet du Roi.

250. Le Portrait de Mme Lecomte.

D'après le Deffein de M. Watelet.

Par M. *Melini*, Agréé.

251. Le Portrait de M. Polinchove, premier Préfident du Parlement de Douay.

Par M. *Aliamet*, Agréé.

252. Les Italiennes laborieufes.
253. L'Incendie.

D'après M. Vernet.

254. Le Four à Brique.
255. La rencontre des deux Villageoifes.

D'après Berghem.

Par M. *Duvivier*, Agréé, Graveur des Médailles.

256. Un cadre renfermant plufieurs Médailles.

1 & 2. Médaille de la Ville de Paris pour l'inauguration de la figure Equeftre de Sa Majefté.

3. Médaille pour les fix Corps des Marchands de Paris : le rétabliffement du Commerce.

4. Médaille pour la Ville de Rheims : Figure pédeftre de S. M.

5. Médaille pour la fuite de l'hiftoire du Roi : la France éplorée abandonne fes victoires pour obtenir par fes vœux le rétabliffement de la fanté du Roi malade à Metz.

257. Autre cadre renfermant des Médailles & des Jettons.

6 & 7. Médailles pour le Roi; une nouvelle tête du Roi, & sa Statue Equestre.

8. L'Ambassadeur Turc présente au Roi ses Lettres de Créance.

9. Buste de la Princesse Trubetskoi. Revers, son tombeau, environné de Cyprès.

Plusieurs jettons, parmi lesquels on peut remarquer les Portraits de Monseigneur l'Archevêque de Rheims & de son prédécesseur; & ceux des derniers Doyens de la Faculté de Médecine.

Par M. *Strange*, Agréé.

258. La Justice & la Mansuétude.
D'après Raphael.

25o. Venus habillée par les Graces.
D'après le Guide.

MANUFACTURE ROYALE DES GOBELINS.

260. Le Portrait de M. Pâris de Montmartel.
D'après le Tableau original de M. de la Tour.

261. La Peinture.
D'après le Tableau original de feu M. Carle Vanloo, du Cabinet de M. le Marquis de Marigny.

Exécutés en Haute-Lisse, par M. *Cozette*.

FIN.

Nogent-le-Rotrou, Imprimerie de A. Gouverneur.

CONDITIONS DE LA SOUSCRIPTION

A LA

RÉIMPRESSION DES ANCIENS LIVRETS

Chaque volume sera livré aux souscripteurs moyennant le prix :

De 1 fr. 25 sur papier vergé;

De 2 fr. 50 sur papier de Hollande;

De 3 fr. sur papier de Chine.

Les souscripteurs de Paris recevront les volumes à domicile. Ceux de province ou de l'étranger pourront se les faire envoyer en payant en surplus les frais de poste, s'ils ne préfèrent les faire réclamer aux bureaux de souscription.

On souscrit :

Chez MM. Liepmannssohn et Dufour, libraires, 11, rue des Saints-Pères.

On trouve à la même librairie,

Le duc d'Antin et Louis XIV, rapport sur l'administration des bâtiments annotés par le Roi, publiés avec une préface, par *J.-J. Guiffrey.*

Sous presse,

LES ARTISTES FRANÇAIS, notices et documents pour faire suite aux *Archives de l'art français*, publiés par MM. An. de Montaiglon et J.-J. Guiffrey. Un fort volume sur papier vergé tiré à petit nombre, titre en deux couleurs. Prix, 12 fr.

Nogent-le-Rotrou, imprimerie de A. Gouverneur.

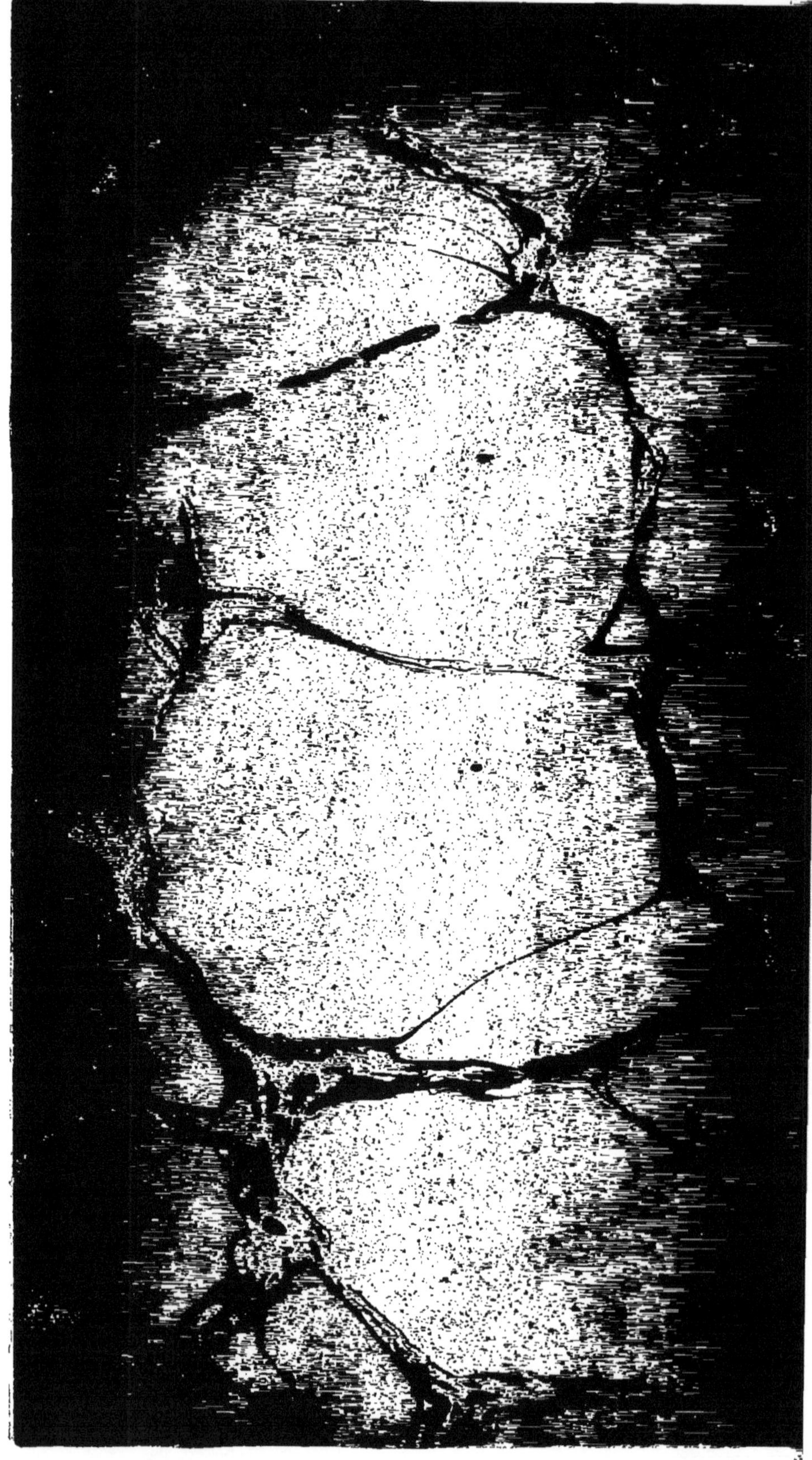

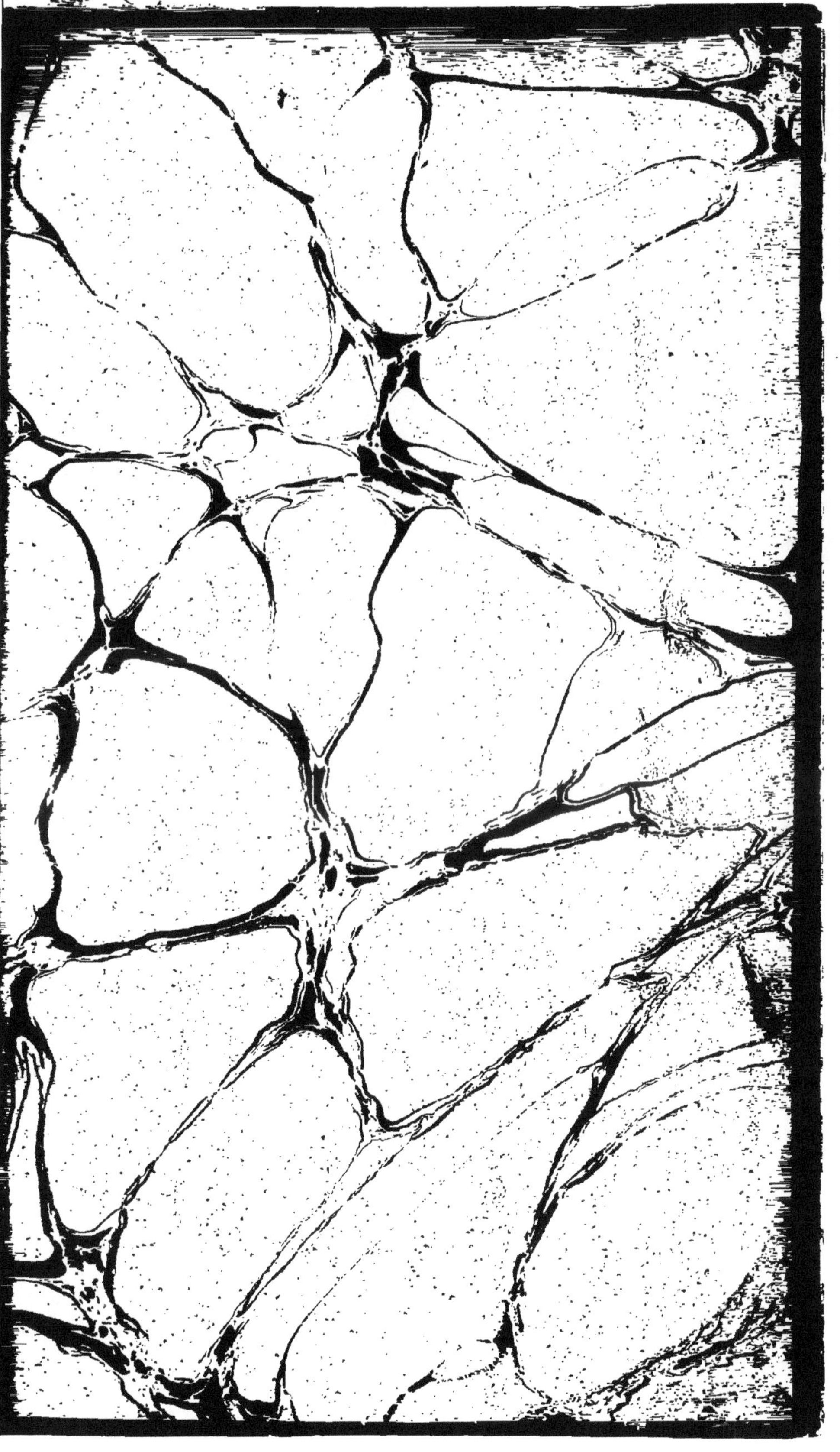

BIBLIOTHEQUE NATIONALE DE FRANCE
3 7531 00841055 8

www.ingramcontent.com/pod-product-compliance
Ingram Content Group UK Ltd.
Pitfield, Milton Keynes, MK11 3LW, UK
UKHW020427230726
13925UKWH00004B/1643